OBSERVATIONS
SUR L'E'TAT POLITIQUE
DE LA FRANCE
PAR RAPORT
À L'ESPAGNE.

A. IV DE LA R. U. ET I.

OBSERVATIONS
POLITIQUES.

1. **C**OMBATTANT toute seule une Coalition formidable dont elle triomphe, la France fait voir à toute l'Europe combien il est téméraire, et même dangereux, de vouloir s'immiscer dans les affaires d'un Peuple, qui, reprenant son Indépendance, change ce qu'on appellait son Gouvernement, et, proclamant sa Liberté par des conventions légitimes et spontanées se constitue en République, qui ne connaît d'autre Souverain que elle même.

2. Si parmi nous malheureusement il a fallu répandre le sang de tant des François qui s'opposaient au Triomphe de la Liberté, il nous est glorieux au moins d'avoir abaissé l'orgueil des Ennemis du dehors, qui ne pouvaient pas souffrir notre Philosophie, parcequ'elle détruit leurs intérêts personnels par une Constitution tout-àfait contraire à la leur, diametralement opposée à leur principes, et qui a pour base les Droits sacrés de l'Homme et du Citoyen, qui sont imprescriptibles par leur nature.

3. On a fait une confédération générale dont le but était, ou de rétablir la Royauté, ou, peut-être, de démembrer la France pour en faire le partage entre les Puissances confédérées, les quelles renvoyant nos Emissaires avec mépris, nous ont pris pour un attroupement de scélérats, sans Loi, sans Réligion.

4. La justice de notre cause produisit l'enthousiasme et le courage ; les téméraires, en fin,

se sont détrompé à leurs dépens ; ils ne dou-
tent plus de ce que vingt-cinq millions d'hommes levés en masse pour défendre leur Liberté
savent se faire respecter , et se faire craindre.

5. Nous fournissant des entreprises glorieu-
ses , et des victoires les plus mémorables avec
la destruction et des Ennemis extérieurs , et de
ceux qui se séparerent de nous pour nous combattre , le Droit sacré de nous défendre a non
seulement assuré l'inviolabilité des frontieres de
la France , mais il a produit aussi des conquétes si importantes , que , plus d'une fois , elles
ont rappellé la possibilité d'une République universelle , plus puissante encore que celle de l'ancienne Rome. On ne songe plus dans les Cabinets qu' à nous contenir ; ils sont déja persua-
dés de ce qu'il n'y a que les Traités et les Alliances avec nous , qui puissent amener la Paix
et le bonheur à l'Europe.

6. Non moins courageuse dans sa défense
naturelle que docile à se reconcilier avec ses Ennemis , la Nation Françoise désire plus qu'eux
touts de mettre un terme à une si grande effu-
sion de sang : Elle veut convaincre tout le Monde de ce qu'il n'y eut que la nécessité qui l'a
fait guerriere : Ferme dans les principes qu'elle
s'est proposés , elle n'aspire point à la domi-
nation ; elle ne désire que le bien de touts les
Peuples , de toutes les Nations.

7. Une Paix génerale , voici l'objet principal des Négociations actuelles : il n'y a que l'
insincerité , ou l'injustice des Puissances E trangeres contractantes qui puissent s'y opposer.
C'est à ce but , qui mérite actuellement l'attention de tout le Monde , que doivent se di-
riger touts les éfforts de la Nation Francoise ;
car le systême Politique où elle se trouve
actu-

actuellement exige des réflexions les plus pro-
fondes.

. 8. . Nous n'avons été reconnus comme Puissance Légitime qu'aprés que nos Armes ont
fait trembler nos Ennemis ; il faut donc se mé-
fier des Négotiations ; il faut conclure les Traités avec sureté regârdant toujours l'avenir ,
selon les circonstances , pour prévenir la révol-
te de ceux que la seule nécessité a fait devenir Amis , et qui cesseront de l'étre , sitôt que
l'occasion favorable s'en présentera.

. 9. Je laisse à mes Concitoyens la medita-
tion sérieuse et profonde de cette importante
matiere en général par raport à notre sureté
future ; je tiens comme axiome démontré par
l'expérience de tous les temps = Tous les
E'tats haissent naturellement la Puissance vi-
ctorieuse dominante ; on trame facilement contre elle une ligue cachée par des Négotiations secretes = Je me borne , pour à présent , à quelques réflexions sur la Paix con-
clue avec l'Espagne notre voisine et dont le
territoire confine avec celui de la France.

10   Cette Paix serat-elle durable ?
Aprés la conclusion d'une Alliance offensive et
defensive avec l'Espagne , supposé méme que
cette Alliance soit avantageuse à la France , devons nous conçourir à l'agrandissement de cette Puissance , ou devons nous y consentir au
moins ?

Ces deux questions méritent la considération la plus profonde , car de leur solution de-
pend le systéme Politique que nous devons nous
proposer dans les circonstances actuelles.

11. L'Histoire nous apprend que nos Alliances avec cette Nation ont été passageres : le
voisinage et l'extension des deux E'tats ; les dou-

tes ,

(6)

tes , qui subsistent encore , sur la *Légitimité* de
leurs possessions ; l'ambition de l'Espagne toujours tendante à agrandir ses Domaines ; le projet d'une Monarchie universelle , qu'elle for-
ma dans la réunion avec la maison d'Autriche ;
le peu de sincérité que nous avons trouvé même dans les Alliances ; la dureté de ses propo-
sitions envers nous lorsqu'elle se trouvait victo-
rieuse ; les désavantages , qui se sont suivis , des
entreprises ou elle nous a fait entrer , ont produit une anthipatie naturelle entre les deus Nations , qu' on n'a jamais pú venir à bout d'é-
taindre , malgré les Alliances de Famille des deux
Rois qui les gouvernaient. (1)

12.   On ne peut pas supposer que la nouveauté de notre Constitution ait fait évanouir le
caractere Espagnol ; il est bien plus naturel ,
au contraire , que la rivalité Nationale se soit
augmentée en proportion de la grandeur de nos
succés , de nos exploits , et de notre gloire. Si
l'uniformité du Gouvernement et d'idées à plusieurs egards , l'Alliance du sang , et même le
Gouvernement d'un Monarque François parmis les
Espagnols n'ont jamais pú étouffer cette haine
Nationale , que devons nous supposer lorsque cette uniformité a disparu , et lorsque cette Alliance du sang est proscripte pour toujours ?

13.   Nous avons été jugés comme Assassins
de la maison de Bourbon ; les Traités auront ils
pú éffacer cette idée ? Les Rois seront-ils déja
convaincus de la justice de notre cause ? Mais
ce n'est pas la conjecture sur le jugement des
Cabinets à notre égard , qui doit régler les Alliances da la Nation. Que nous nous donnions
à la Paix ; que nous la cherchions même pour
notre bien , pour le bien de toute l'Humanité ;
soit ; je le veux ; mais , dans les circonstances
actuel

actuelles, LA PROBABILITE' ET LA SUPPOSITION peuvent dicter des regles que nous devons suivre dans nos Négociations , et qui peuvent nous guider pour prendre les mesures , que la sûreté et la subsistance de la Nation , dans les tems à venir , exigent de nous.

14. La Nature elle-même nous invite , par la situation locale , à faire une Paix durable avec un E'tat qui confine avec nous ; cherchons tous les moyens les plus propres pour nous conduire à cette fin si importante ; car l'E'tat qui se fie d'une Puissance rivale court grand risque de tomber dans ses pieges. Les Traités ne sont point sûrs , même en supposant toute la sincérité possible dans les Contractans. Sitôt que la face des affaires change , le pretexte le plus leger suffit pour que la transgression ne soit plus contraire à ce qu'on appelle le Droit des Gens. Assurons notre déstin , pendant que celui des autres Nations est dans nos mains ; ne laissons pas perdre le fruit de tant de sacrifices faits à la Liberté. (2)

15 La Paix avec l'Espagne ne peut durer qu'autant que cette Puissance respectera notre supériorité ; pour conserver celle-ci dans un équilibre juste , nous devons non seulement refuser aux Espagnols tous les moyens de leur agrandissement , mais aussi nous devons incommoder tous ceux qui voudront leur faciliter , ou leur fournir quelques uns de ces moyens ; cela cependant n'empêche pas que nous leur prétions tous les bons offices d'Amis , de bons Voisins , et d'Alliés fidelles. Voici LE GRAND POINT EN POLITIQUE ; et voici ce qui formera le second objet de ce discours.

16. L'expérience de tous les tems nous apprend que le principal ressort en Politique n'est

que

que la combinaison des circonstances et des événements : On prévoit l'avenir par la connoissance du passé et du présent ; des situations diverses des choses on infere les conséquences les plus exactes et les plus justes, pour que les Nations puissent prendre les mesures proportionnées et les plus favorables à leur conservation. Il y a des Loix générales qui intéressent toutes les Puissances ; il y en a d'autres qui intéressent seulement chacune de ces Puissances en particulier ; celles-là appartiennent à la balance de l'équilibre de toute l'Europe ; celles-ci n'appartiennent qu' aux E'tats divers qui y existent. Les unes et les autres sont autant de principes dont je parts.

17 Il est encore problématique si la grandeur excessive est convenable à un E'tat et par raport à son Gouvernement et par raport à sa durée ; mais il n'est pas douteux qu'elle dérange l'équilibre général , et qu'elle éveille la crainte de tous les autres E'tats : Car encore que l' E'tat excessivement agrandi ne prétende point engloutir les autres par la conquête , il les rend toujours dépendans par son influence ; ces dangers augmentent en raison du voisinage ; ils ont toujours été le motif de tant de ligues qui ont été faites contre l'E'tat qui, par sa grandeur , menaçait de devenir prédominant. (3)

18 C'est ce motif qui faisait la justesse du conseil salutaire que la Reine Elisabeth donnait à Henri IV quand elle parla à un de ses Ministres à Douvres , lui persuadant. = Qu'il fallait rendre aux Princes d'Allemagne le Pouvoir qui leur avait été usurpé ; qu'il fallait appuyer les Provinces Unies contre le joug Espagnol , en former une République indépendante

avec

avec le reste des Pays-Bas ; et qu'il étaits nécessaire aussi de contraindre l'Empire à renoncer aux Droits qu'il affeſtait sur les Cantons Suisses , et y incorporer encore l'Alsace et le Duché de Bourgogne. ⹂

19. S'opposant , dans tous les tems , à l'extension des possessions Espagnoles et Autrichiennes , la France a toujours été persuadée de ces vérités ; elle a été la garante des E'tats subalternes ; elle a travaillé direſtement et indireſtement pour faire évanouir le projet de la Monarchie Universelle. (4)

20. L'Espagne , regardant toujours le Portugal comme une Province qui lui appartient , ne perd jamais occasion d'en entreprendre la conquête : Elle n'y a réussi que lors que Philippe II s'est prévalu du décés du Roi Sebastien ; dans ce-tems-là il n'y avait point de Chef au quel pût se réunir la force qui devait repousser la force ; Dom Antoine n'était pas légitime ; les Droits de la maison de Bragance étaient supplantés. La conquête du Portugal fut alors pour l'Espagne une source persque intarissable de subsides les plus abondants , et de forces les plus reelles , qui la firent respeſter. (5)

21. L'Espagne entreprit ensuite oter à la France une grande partie de ses E'tats , même encore de ceux qui n'étaient pas confinants ; ce fut alors que la France connut combien la conquête du Portugal augmentait le pouvoir de sa rivale , et ce fut alors qu'elle conçut, et qu'elle établit comme systeme le plus utile a ses intéréts , la nécessité de la séparation Portugaise : Louis XIII y concourut en conséquence encourageant le Duc Jean de Bragance par des promesses inviolables de l'aider dans l'entreprise

treprise du rétablissement et dans la conservation d'un Throne qui lui était dû (6). Louis
XIV , pour ne pas contrevenir aux Traités ,
fit secrètement marcher le Comte de Schom-
berg avec quantité de Troupes E'trangeres payées
par la France , au secours de Portugal ; il a
même indirectement facilité la Paix de 1667
par l'expedition des Païs-Bas qui affoiblit la
force d'Espagne : et quoique le Pacte de Famille , et la Guerre contre l'Angleterre nous firent marcher contre le Portugal en 1762 , cette Guerre s'évanouit sans renfort.

22 Les événements qui arriverent auparavant, et qui survinrent après la séparation, en
démontrent les conséquences. Le Pouvoir de
l'Espagne était formidable auparavant , elle
soutint , sans difficulté ses Conquêtes en deçá
et au delà les Pyrénnées : Aprés on intenta et
on obtint des soulévements contre elle ; les
Armes Françoises eurent des Triomphes répe-
tés recourant nos Domaines , et faisant rendre
ceux de nos Alliés. (7)

23. Prévenir l'agrandissement d'une Puissance voisine est , sans doute , un motif assez
digne d'attention pour que nous persévérions à
suivre le systeme de la séparation Portugaise ;
et cependant il n'est pas unique : La Nation
Portugaise a avec la Nation Espagnole la même
rivalité que nous , et encore plus grande ; elle est donc notre Alliée naturelle. Leur voisinage ; le Droit que l'Espagne prétend avoir sur
elle : les doutes, qui subsistent encore, sur les
limites de leurs Conquêtes ; le joug appesanti
et insupportable de soixante ans ; la déclaration
de la Guerre dans toutes les occasions ou de
leur foiblesse ou de leur disgrace ont fait sen-
tir aux Portugais que la Nation Espagnole est

leur

leur plus grande rivale , et leur ennemie la
plus acharnée : Les Alliances de Famille les plus
étroftes n'ont pas pú étouffer dans le cœur des
Portugais le ressentiment de tant de torts qui
ont fait naitre cette haine Nationale , ils la res-
pirent encore. (8)

24. Au contraire , notre situation topogra-
phique , qui met entre deux cette Puissance
leur ennemie ; les secours , que nous leur
avons toujours donné pour se délivrer et pour
se maintenir ; les avantages du Commerce ; l'
assistence qu'ils nous ont déja prêtée , dans le
besoin , et qu'ils n'ont pas accordée à d'autres
Puissances , qui nous faisaient la guerre ; et finalement notre rivalité envers leur rivale démontrent de la maniere la plus convaincan-
te , qu'entre les François et les Portugais il y
doit avoir une Alliance naturelle , malgré les diversions qui l'ont interrompue. (9.)

25. Cette Alliance nous est utile à plusieurs égards , soit par raport à la force , soit
par raport au Commerce. Pour bien connoitre
le Portugal il suffit de le considérer au moment de son rétablissement. Il se trouvait sans
Trésor , et sans Fonds , parcequ'ils s'étaient
écoulés pour celui d'Espagne ; cela n'empêcha
point le Duc Roi d'assembler , sur le champ ,
les E'tats du Royaume deux fois de suite , de
mettre en pied une Armée , d'expedier treize
Ambassades solemnelles , de mettre en Mer , en
moins de treize années , cinq Escadres puissan-
tes , et de se défendre de ses Ennemis jusqu' au
point de les contraindre a faire la Paix. On a
déja remarqué que les Portugais , dans tous les
tems , ont été toujours victorieux des Espagnols , et que ceux-ci ont été malheureux dans
presque toutes ses expeditions , dént ils n'ont

rap-

rapporté, que l'épuisement de leurs Finances.

26. Il est vrai que ce Royaume a souffert de suite des catastrophes fort considérables, et qui, peut être, auront concouru à l'avoir affoibli après l'elévation de Jean IV; Alffonse son fils fut dépouillé du Gouvernement, et de sa femme; la Réligion excessive a fait depui épuiser le Tresor; et si le Marquis de Pombal l'a rétabli, la conspiration contre le Roy, et un tremblement de terre qui ruina Lisbonne, lui firent un vuide immense. On ne peut cependant pas dire que la guerre de 1762 ait été un mal pour ce Royaume; par ce qu'elle l'éveilla du sommeil létargique d'un demi siecle de Paix, et il eut soin de réformer et de discipliner ses Troupes par des Officiers E'trangers, qu'on appela, et qui la mirent dans un pied respectable. (10)

27. Un autre motif de notre Alliance avec cette Nation ce sont les intérêts du Commerce; car l'indolence naturelle du Pays nous assurerait la consommation du produit de nos manufactures, et nous pourrions profiter de plusieurs de ses productions, qui nous manquent; et encore que nous n'ayons pas besoin des Vins de Portugal, on ne peut jamais craindre pour leur extraction; car ces Vins, même abstraction faite des Traités, ont toujours une consommation assurée, encore concurrement.

28. Faisant toujours un Commerce actif, l'Angleterre a tiré du Portugal les plus grands avantages, et elle a réellement appauvri cette Nation; même encore aujourd'hui, quoiqu'on puisse égaler la balance par les importations et les exportations des deux cotés, la Contrebande, qu'on fait scandaleusement dans le Royaume

me et en Amerique , dérange tout-à-fait l'equi-
libre. Les Anglois doivent cette félicité aux Alliances faites avec le Portugal quand ce Royaume
eut besoin de secours. (11)

C O N C L U S I O N.

29. Si la Paix avec l'Espagne ne peut durer qu'autant que cette Puissance respectera notre Supériorité (§ 15.) ; si nous ne devons
ni concourir ni consentir qu' elle s'agrandisse,
par des motifs démontrés et supérieurs à toute
contestation (§§ 16. jusqu'au 22. inclusiv.)
François , Citoyens Directeurs , quel est le systême Politique que nous devons nous proposer dans
les circonstances actuelles ? Le Traité de Basle
du 4 Thermidor de l'an 3 de notre République une et indivisible termina la guerre ; et
aussitôt , dans la premiere année de Paix , on
a conclu l'autre de S. Ildefonse du 2 Fructidor an 4 ; on y a formé une Alliance offensive et défensive entre la France et l'Espagne. Mais , par un Traité de secours récipro-
que at-on banni pour toujours des maximes
raisonnables , qui sont autant de bases solides
óu reposent l'existence et la sureté Nationa-
les ? Ces maximes sont elles différentes depuis
que le Gouvernement est différent ?

30. Si l'on a vú s'écouler un peu plus d'un
an depuis le Traité de Basle jusqu' a la conclusion de celui de S. Ildefonse , on a remarqué aussi que les Espagnols ne laisserent
pas passer six mois sans couvrir ses Frontieres
du coté de Portugal , et menacer ce Royaume
d'une rupture prochaine : Les Troupes Portugaises qui étaient de retour du Roussillon , n'
étaient pas encore bien remises des travaux de

la

la Guerre, des fatigues de la marche, endurée
pour aller les secourir : Le Prince du Brésil
avait été invité par le Roi Catholique, peu de
mois au paravant, pour pouvoir se rencontrer
tous deux à Badajos. Tous ces faits donnent
lieu à beaucoup de conjectures ; il y en a qui
sont très bien fondées.

31. Le Traité de Saint Ildefonse est fait à
l'imitation de celui de 15 Août 1761 entre la
France et l'Espagne, y compris Naples et
Parme, qu'on a nommé le Pacte de Famille ;
le temps qui s'écoula entre celui-ci et la déclaration contre le Portugal, est presque le même
que celui qui s'est écoulé depuis le Traité de
Saint Ildefonse jusqu'aux actuelles démonstrations de Guerre. De telles Alliances donc ne
sont que des présages des intentions d'Espagne contre une Nation, qu'elle n'a encore
regardée que comme une de ses Provinces qui
s'est révoltée, et qu'elle ne peut ravoir sans
notre secours.

32. On a beau chercher des motifs spéci-
eux, même honnêtes, et d'une apparente nécessité pour prétexter de tels Traités ; celle-ci
est la Maxime secrete qui les regle ; et c'est
cette Maxime que le système Politique de la
France doit rendre vaine, soit pour faire durable la Paix de Basle, soit pour empêcher l'
agrandissement de la Puissance qui peut, à l'
avenir, susciter sa rivalité ; ou soit parceque,
dans notre système, on ne doit pas faire subsister la gaucherie de laisser, par condescendan-
ce, opprimer une Nation notre Alliée naturelle ;
et moins encore lui faire du mal nous-même,
seulement parcequ'elle se trouve actuellement
isolée de nous par des circonstances malheureuses
et inévitables, qui l'ont environné jusqu'ici, et
qui

qui l'étouffent encore. Le dernier Traité ne peut pas nous lier les mains pour suivre ce systême ; sa généralité ne peut ni le détruire, ni en empécher l'exécution.

33. Si LA DEFIANCE est l'état naturel de notre situation actuelle (§ 8.), qu'elles seront les mesures de la France envers une Puissance de caractere rival, qui n'étant auparavant liée que par les Alliances du sang des Rois, nous déclara ensuite une guerre offensive, qu'elle ne suspendit que par la térreur de nos Armes, lesquelles elle prétend à présent tourner contre le même Peuple qui la secourut contre elles ?

34. Ni les secours éffectifs, ni les promesses mutuelles dans les entrevues ne purent suffoquer l'aversion du Cabinet Espagnol contre le Portugal ; le mariage même du Prince du Brésil avec une Fille du Roi Catholique semble ne plus arrêter les éffets de cette ambitieuse haine héreditaire. On a cru l'occasion favorable, soit à cause de notre Alliance, soit à cause de la maladie actuelle de la Reine très Fidelle qui fait croire, (mais cette croyance est mal fondée, § 26. et sa Note.) que le Royaume en est affoibli : On a rompu tous les liens ; c'est la Coutume de cette Nation.

35. Cet exemple est un présage pour la France : l'Espagne est son ancienne rivale, et son caractere a été fixé davantage par la nouveauté de la Constitution (§ 12.) : Il n'y a plus envers nous des liens de sang ; au contraire, parceque nous les avons rompu, son ressentiment aura augmenté : Le secours que nous lui prêterons ne nous assûrera pas sa bienveillance contre l'habitude qu'elle a d'être ingrate : et si nous l'aidons à devenir puissante, il est bien possible que nous ayons à nous repentir de nos bienfaits.

Que

Que devons nous donc espérer si la face des affaires vient à changer ? La même chose que le
Portugal éprouve aprésent , et que la France elle-même a déja eprouvé si souvent (Not. du
§ 11.). Le Roi Catholique attendra peut-être le
moment des factions suscitées par le parti Roy-
aliste , qui lui ont été prédites à la fin de la guerre par les Pseudo-Politiques , pour faire éclater
alors le projet secret de venir mettre la Couronne de France sur sa tête , ou sur la tête d'un
de ses enfants : Et c'est sans doute ce projet ,
joint á la crainte d'être détrôné , qui l'a pous-
sé à faire précipitamment la Paix.

36. Si , en défense du Citoyen et de la Liberté , notre courage a étonné tout le Monde ,
s'il a revolté touts les Thrônes , qui condamne-
rent d'absurde toute notre conduite et d'injustes
toutes nos prétentions , on ne doit pas s'étonner
de ce que les circonstances entrainassent le Portugal dans ce malheur : Il nous faut être justes.
Ce Royaume , qui a toujours été notre Allié naturel , céda aux conjonctures du tems : Ne figu-
rant pas directement dans cette ligue odieuse ,
il a été contraint d'envoyer des Troupes au Roussillon en service , come auxilieres , du Roi Catholique ; et encore cet envoi fut contesté dans
le Conseil du Cabinet , ôu l'on intentait de le
substituer par de l'argent ; mais les instances d'Espagne répétées par des couriers qui arrivaient
presque tous les jours , donnerent au parti oppo-
sé un si grand poids , qu'il l'emporta. Se pro-
posant une Neutralité , il a souffert nos atta-
ques maritimes , sans jamais y répondre si non
dans les occasions d'une défense naturelle , et
c'est pour celle-ci qu'il vient réunir derniere-
ment ses Escadres à celles d'Angleterre.

37. C'est cette Nation orgueilleuse qui met

des

des obstacles à la conclusion de la Paix auec la France ; le Portugal l'a toujours désiré ; il a fait tous ses éfforts pour l'avoir ; et sans la crainte de perdre l'Amérique il l'aurait déja faite ; mais cette crainte très bien fondée a été une barriere très puissante. Le Cabinet Anglois , qui profite toujours des conjonctures pour aller à ses fins , obligea celui de Portugal em 1793 à ne pas conclure une Paix séparée ? Notre Gouvernement alors était horriblement difforme par l'epoque sanguinaire de Robérspierre ; les tableaux odieux sortis des Cours de Londres et de Madrid motiverent ce Traité , et firent marcher ces Troupes auxillieres. Mais c'est à présent , peut être , l'occasion opportune et choisie pour que le Portugal secoue le joug Anglois , si nous pouvons lui garantir ses Colonies.

38. = Une Puissance doit modifier les hostilités , et ne jamais nuire à la conservation d'une autre Puissance , quand il est reconnû que celle-ci ne s'est unie aux ennemis de la premiere que par une nécessité irrésistible de conserver ses intérêts réels , et non par haine , aversion , ou orgueil. = Ce Principe est applicable en Politique ; il est juste ; il respire l'humanité et la modération. Un accident passager ne doit point influer sur ce qui est permanent ; et encore qu'on suppose des circonstances diverses , le discours de ceux qui gouvernent est toujours dans la même raison.

39. L'Article second du Traité de Basle du 2 Fructidor an 4. de la République une et indivisible , non obstant sa généralité , contient tacitement et virtuellement l'exception des expeditions des deux Parties Contractantes contre le Portugal ; soit que la rupture se fasse

du

du coté de l'Espagne, ou de la France. Si le Roi Catholique, par l'Article XV de la Paix de Basle, fut accepté par la République comme Médiateur du Portugal ; comment peut il avoir maintenant le Droit d'exiger du secours contre ce même Royaume dont il est garant ? Les choses subsistent comme elles se trouvaient : le Portugal était déja Allié de l'Angleterre et le Traité de 1793 était déja fait : La France penchait pour la Paix, car elle accepta l'intervention du Roy.

40. Si la République ne médite point là Conquête de Portugal, comment doit elle concourir pour que l'Espagne la fasse ? Cette matiere est déja discutée (§§ 21. et 22.) ; on peut y joindre l'Axiome suivant dicté et confirmé par l'experience : = Le soin de conserver l'Alliance est toujours proportionel au besoin qu' en a l'Allié ; son Amitié diminue en proportion de l'accroissement de ses forces. = Si des raisons démontrées (§ 24.) constituent la Nation Portugaise notre Alliée naturelle ; si son Amitié nous est convenable soit à titre de Force, soit à titre de Commerce, (§§ 25 , 26. 27 , et 28.) nous ne pouvions pas proscrire nos Maximes Politiques par le Traité de S. Ildefonse : au contraire elles y sont sousentendues ; leur propre nature les y garantit, et les sauve de cette proscription ; les Doits Sacrés et imprescriptibles qu'a la Nation à son bonheur et à sa Sûreté, ne peuvent jamais être proscrits : Si les Rois les ont souvant sacrifié à leurs intérêts personnels, aux interêts de leurs Familles ; le sang du Directoire est celui de la République ; sa Famille est le Peuple qu'il réprésente ; il n'a point d'objets personnels ; notre conservation est l'unique objet de

ses

ses soins ; notre bonheur est celui òu tendent tous ses travaux ; toute stipulation qui détruirait les moyens d'y parvenir s'évanouïrait d'elle-même.

41 François, Citoyens Directeurs, elle était réservée pour vous cette gloire d'assurer et de perfectioner l'edifice majestueux d'une Republique Libre, que voux avez élevé sur les ruines d'une Monarchie Tyranique ; de redonner la vie à la Liberté ; de faire revivre les Droits de l'Homme et du Citoyen ; de mettre une barriere insurmontable aux excès du Despotisme : Vous avez formé le plan de la Félicité Humaine, conservé par le courage et perfectionné par la Philosophie : Vos actions, votre sage conduite transmises à la postérité vous preparent un monument éternel . . . mais permettez à un d'entre vous, qu'il joigne ses réflexions aux votres : Vous les adopterez si vous les trouvez dignes de la Nation. La Justice, la Moderation, et la Bienfaisance nous rendront supérieurs : Lacedemoine ne le fut à la Grece, qu'autant qu'elle practica ces vertus. Lycurgue lui avait appris = à ne jamais se servir des ses armes, que pour le bien general du Peuple ; à ne pas entreprendre des conquétes ; à ne jamais aider les Conquérants ; à protéger les moins puissants ; à réprimer les dissentions civiles ; et à ne jamais appuyer la mauvaise foi. = L'Histoire fait voir que, malgré leur courage, les Lacedemoiniens furent vaincus sitot qu'ils n'observerent plus ces Conseils.

⊢⊣

NO-

N O T E S.

(1) Le Traité de Noyon de 1516 mit un terme aux hostilités qui avaient commencé en 1500 ; cette Paix ne dura que trois années ; et si elle fut rétablie par le Traité de Madrid de 1525 , on peut dire qu'elle ne dura que le tems nécessaire pour les préparatifs de la guerre. Il n'y eut que cinq ans de repos depuis le Traité de Cambray de 1529 , et malgré le Traité de Nise de 1538 , la Treve de dix ans , qui y fut stipulée , fut rompue , à la fin de deux , par la guerre , qui dura jusqu' au Traité de Crépy de 1544. , et qui recommença bientôt après. L'Armistice conclu a Ardres ne produisit pas un éffet plus durable ; le seul Traité de Chateau-en-Cambrésis fit subsister la Paix plus long-tems ; et celle qui commença en 1588 par le Traité de Vervins , depuis la guerre de Henri IV , ne dura que jusqu à 1635 , etc.

Les conditions de presque tous ces Traités ont été très dures pour la France quand le sort lui était contraire. Par celui de Madrid François premier fut contraint de renoncer le droit qu il avait aux Royaumes de Naples , de Sicile , d'Aragon ; au Comté de Flandres et d'Artois ; aux Segneuries de Lille , Torne , et Dolce ; et d'abandoner le Roi de Navarre son Allié. Il a fallu ratifier toutes ces conditions rigoureuses par le Traité de Cambray , quand le Dauphin , et le Duc d'Orleans fils de François premier , etaient prisonniers : tous les autres ont été conçus dans le même esprit : Par celui de Cambrésis , Henri II , opprimé par des guerres civiles , a été, en outre , obligé de céder 200 Places conquises par plusieurs années de victoires : Henri IV affoibli

foibli par la diversion intérieure du Royaume, a été également contraint de faire la même ratification par le Traité de Vervins, en y ajoutant encore l'abandon des armes contre le Roi de Navarre.

La maison d'Autriche, s'alliant à la maison d Espagne, lui a donné des Rois : Ces deux maisons étendirent leurs possessions en Italie, en Hongrie, en Boheme, dans le Palatinat, dans les Electorats, etc. Philippe II. dans le même tems, dominait toutes les Espagnes, tous les Pays-bas. il usurpait à la France une grande partie de ses E'tats, il s'alliait à tous les Princes qui pouvaient l'aider dans ses vastes projets ; et celui d'une Monarchie universelle allait se realiser facilement, si la France elle-même n'eût pas pris le parti pénible de rendre à l'Europe son ancien E'quilibre.

Depuis que la Cour de Londres se-déclara pour celle de Vienne dans le Traité de Worms en 1743, et nous nous sommes reunis à l'Espagne il y eut des intrigues et des contestations d'etiquette interminables entre sa Marine et la notre ; depuis le Traité d'Aix-la-Chapelle on a découvert un changement très remarquable dans la Cour de Madrid à notre égard.

Par le Pacte-de-Famille trafiqué avec tant de rigueur, et finalement conclu, on est venu à bout de remplir un objet personnel, mais le public y perdit. Obligés de suivre le parti de l'Espagne contre l'Angleterre, nous avons souffert un poids énorme, et un desavantage très considérable. L'entreprise de la conquête du Portugal a échoué ; et la Havane n'a été prise qu'à cause de la rivalité Espagnole envers nous ; car on a méprisé et entierement recusé l'avis d'un officier François Mr. de Blenac, qui, voyant cette

Place

Place dépourvue et sans autre force que celle de 1500 hommes de garnison, persuadait le Gouverneur de réunir sa petite Escadre à celle de 15 Vaisseaux Espagnols pour attendre, dans le canal de Bahama les Anglois, qui y passaient la Sonde à la main. Cette même Campagne nous a fait perdre encore deux des quatre Iles Neutres que nous possedions. Tout le Monde connait jusqu' à quel point on a réduit nos E'tablissemens à S. Lucie et dans la Louisiane : Personne n'ignore notre entiere expulsion du continent de l'Amérique ; et tout le Monde sait combien les François ont souffert alors pour avoir été fidelles sous le joug Espagnol.

La haine du nom François en Espagne passe de pere en fils comme heritage de famille : Les Alliances n'ont pas pú éteindre cette haine ; pas même le Gouvernement d'un François qui y a regné ; le Peuple Espagnol, qui aimait Philippe V. voulant faire l'eloge de ce Roi, le nomma = Imitateur des vertus de son Ayeul Philippe IV, et qu'il était digne du nom Espagnol. =

(2) Malgré la promesse du Roi Catholique Ferdinand II faite au Roi de France Charles VIII par la quelle il s'engageait à ne point aider les intentions du Roi de Naples contre la France, et de ne pas faire la guerre aux Alliés François, Ferdinand y manqua ; il aida Naples, et combattit le Roi de Navarre.

Pour démontrer que les Traités disparoissent aussitôt que les interêts sont difféients, il suffit de voir ce qui est arrivé entre nous et les Princes de l'Empire depuis la Paix de Munster ; pendant qu'ils craignaient que la maison d'Autriche pût recouvrer ses pertes, ils s'unissaient à la France ; mais la Ligue du Rhin disparut si

tot

tôt que les Princes sentirent que l'Empereur Léopolde n'avait pas assez de force pour les subjuguer , à cause des dangers qui l'environnaient.

· (3) Plusieurs Puissances se liguerent pour diminuer la grandeur de la maison d'Autriche ; on s'est prévalu même des prétextes de la Réligion ; on a suscité, pour la combattre , les Turcs et les Heretiques d'Allemagne.

··· Plusieurs Cours ont protesté dans leurs Manifestes contre la réunion de l'Empire à la Monarchie Espagnole sous le même Prince : Elles suivaient dans ces réclamations la Maxime secrete qu'avait servi de base de l'Article VIII de la grande Alliance : Et dans l'Alliance Défensive entre l'Angleterre , Hollande , et le Portugal , par l'Article XXV le Roi Portugais s'obligea de ne pas reconnaître l'Archiduc Charles comme Roi d'Espagne , avant que l'Empereur lui ait fait séparément une cession de cette Monarchie.

· La Rivalité entre la maison d'Autriche et celle de Bourbon naquit principalement des guerres de François primier et Charles V. A' la fin du Regne de celui-ci on partagea son pouvoir entre les deux branches de la même maison d'Autriche : Une de ces branches eut l'Espagne en partage ; un Prince Bourbon venant y regner , le Pacte-de-Famille s'en suivit.

(4) Plusieurs Domaines que appartenaient à la France augmenterent l'extension de ceux qui indiquaient la Monarchie Universelle. La maison d'Autriche avait augmenté l'Empire par la spoliation , qu'elle avait faite aux Electeurs Alliés de la France , de leurs E'tats ; elle en avait gardé la partie la plus importante du Palatinat , malgré la Grande-Bretagne, et malgré

le

le Danemarck ; elle a donné au Roi Catholique l'autre partie en deçà du Rhin ; elle a fait présent de partie du haut et partie du bas Rhin au Duc de Baviere , et en même tems elle s'est attaché tous les autres Princes qui pouvaient aider son parti. Le Roy Catholique , possedant les Royaumes de Lion , d'Aragon , et de Navarre , est devenu Maitre de toute l'Espagne par la conquête du Portugal ; en Italie il avait dépouillé la France des E'tats de Milan , de Naples , et de Sicile ; et , dérobant la Valteline aux Grisons , il domina tous les Pays-Bas avec un Pouvoir absolu. Venant au secours des Princes de l'Empire et de l'Italie dépouillés et épuisés ; aidant les Grisons dans la reprise de la Valteline ; envoyant des secours aux Pays-Bas , et cooperant à la revolution du Portugal , la France a déchiré cette Puissance Colossale ; et , s'unissant à la Suede , elle a fait évanouir le projet de la Monarchie Universelle.

(5) Dans les guerres contre l'Espagne , les Portugais non seulement se sont toujours defendus dans leurs E'tats , mais ils ont aussi attaqué ceux de l'ennemi ; ils ont été jusqu' à l'Andalousie et Valhadolid ; ils ont conquis la Galice , S. Jacques , la Corogne , etc. Les victoires d'Aljubarrota , de Trancoso , de Val-verde , de Montijo , de Montes-clacos et autres , sont mémorables. Jamais les Espagnols ne purent réussir que dans l'expédition du Duc d'Albe parceque le Portugal n'avait point de Roi. Un Politique qui connaissait la foiblesse et l'indolence Espagnole avec sa manie de la conquête du Portugal disait energiquement = Pour quoi voulez-vous acquérir des Villes pendant que celles que vous avez déja tombent en ruine ? Pour quoi souhaitez-vous un plus

grand

grand nombre de sujets , pendant que ceux que vous avez sont encore si malheureux ? =

(6) Louis XIII était si persuadé des intéréts qu' avait la France dans la séparation du Portugal , que pour soutenir et pour animer les idées du Duc de Bragance sur la restauration du Royaume qui lui appartenait , il s'obligea solemnellement , par un document authentique signé de sa propre main et de celle de son Ministre d' E'tat , de l'aider , et de lui maintenir sa Couronne ; et éffectivement il envoya une Escadre sur les côtes de Portugal dans l'E'té qui suivit , depuis l'exaltation du Duc au Thrône ; et lors des Négociations du Traité de Munster , il defendit à ses Ambassadeurs d'entrer dans le Congrés sans que ceux de Portugal s'y trouvassent aussi. Aprés la mort de Louis XIII la Reine Régente , dans les instructions qu' elle renouvela pour le méme Congrés , spécifia qu' on ne pourrait pas commencer le Traité de Paix sans que le Portugal y fût compris : une proposition semblable a été faite dans celui de Francfort par le Marechal de Gramont , et par Mr. de Lione , au Comte de Pignarande , en lui demandant des Passeports pour que les Ministres des Puissances Alliées de la France , et principalement de ceux de Portugal , pûssent se trouver à la Ville d'Espagne , où on allait faire le Traité des Pyrénées. Pour connaitre fondamentalement que les vues de Louis XIII téndaient aux intéréts futurs de la France , il suffit de lire les Instructions que ce Monarque donna à Mr. de S. Pie , qu' il envoya secretement en Portugal , datées du 15 Aout 1638 ; elles chargeaient cet E'missaire d'exciter la révolution contre le Roi d'Espagne , et de s'entendre avec le Duc de Bragance en lui offrant une Armée Navale pour garder les Forteresses depuis

l'em-

l' embouchure de la Riviere de Lisbonne jusqu'
à la Tour de Belem ; un secours de 12 mille
hommes de Infanterie , et cinq cents de Cavalerie
tout-prêts ; une Flotte de cinquante voiles , et
un secours perpetuel pour la conservation de sa
indépendance , et même pour la conquête d' Espagne : et tout ceci sans prétendre la moindre
compensation.

Trois mois après l' exaltation du Duc , il fait
retourner en Portugal le même Mr. de S. Pie , et
lui donna de nouvelles Instructions datées en
Saint Germain en l' Haye du 6 Mars 1641 , pour
répéter au nouveau Roi les mêmes offres ; pour
lui demander un Ambassadeur avec des pouvoirs
pour traiter du secours qu' il devait lui envoyer ,
en lui offrant aussi le secours des Provinces-unies.
Par l' Article secret du premier Juin de la même année , signé par Mrs Seguier , et Boutillier.,
le même Roi Louis XIII s'obligea de ne pas
faire aucun Traité de Paix sans se reserver la
liberté de secourir le Roi de Portugal , et celui-ci s'obligea de son coté de ne pas conclure
aucun Traité avec l' Espagne sans le consente-
ment du Roi de France : Toutes ces com-
missions et toutes ces conventions faites par
Louis XIII ont été attestées par le dit Mr.
de S. Pie dans un papier officiélle qu' il of-
frit à la Reine Régente dans le mois de Mars
1646.

La France s'est constituée Mediatrice de
Portugal envers les Puissances de l' Europe qui ,
en attention a l' Espagne , refusaient de connaitre le Duc de Bragance comme Roi : et
consécutivement les Cardinaux de Richilieu et
Mazarin continuerent d'agir dans leurs Ministe-
res sous le même point de vûe de cette Mé-
diation ; Louis XIV , avec authorité de la
Reine

Reine Mere écrivit au Roi de Suede en date
du 15 Aout 1643 , pour proteger les E'missai-
res Portugais à fin d'entrer dans la Diete de la
Paix Générale , pour ou ils etaient conduits
avec des Passeports des Ministres de France.

En fin , un témoignage authentique du
grand intérét de la France dans la conservation
du Portugal c'est la seconde réponse que on a
donnée a Mr. d'Avaux , son Plenipotentiere à
la Diete de Munster , sur la quatrieme des dif-
ficultés qu'il faisait à la Négotiation des Sauf-
conduits pour des Ministres du Portugal. Réponse dans la quelle on lui faisait voir claire-
ment = Qu'encore méme qu'il n'y eût aucun
Traité sur cette matiere , l'intérét que la France avait dans le rétablissement du Portugal était
tel , les démonstrations d'Alliance réelle et éf-
fective , encore qu'elle ne fût point écrite ,
son devouement , son attachement , étaint si
public , qu'elle ne pourrait plus , sans déshon-
neur , faire sa Paix avec l'ennemi commun ,
laissant le Portugal en guerre , ni méme con-
tinuer , sans indécence la Negotiation pro-
gressive de ses Traités si l'Ambassadeur de
Portugal , qui avait suivi exprés ceux de la
France , n'y était admis auparavant. Que , faire
simplement tout son possible , sans pour tant
nuire ni à sa conscience ni à la conclusion de
la Paix , ce serait fort bon en faveur de quelque Roi , ou de quelque Royaume , qui de-
demanderait cette grace sans avoir fait aucune
diversion en faveur de la France ou sans y
avoir contribué avec quelque intérét , et à qui
l'on pourrait satisfaire par des bons offices de
pure civilité sans se compromettre , sans se dé-
vouer ; mais que la séparation et le rétablissi-
ment du Portugal était pour la France d'un si
grand

grand poids , et d'une si grande considération, comme tous les autres Alliés : Il est du côté le plus sensible et le plus puissant ; du côté de l'Espagne : Il a fait , depuis quatre ans, d'importants diversions a l'ennemi défensivement et offensivement : Pour sa conservation , et pour sa exaltation , il a contribué a la France avec tant d'intérêts comme le démontrent les éffets , par les quels cette séparation pésa dans l'Alliance de la France encore plus que toute la Monarchie Espagnole : Par ces motifs la France doit tout risquer pour le rétablissement du Portugal , et faire pour lui les mêmes éfforts qu' elle est obligée de faire pour ses autres Alliés. =

Le mariage de Pierre II avec la Princesse de Neubourg Soeur de l'Imperatrice , et la crainte qu'inspirait Philippe V sur le Thrône d'Espagne , furent cause de ce que le Portugal se livrât davantage aux Cours de Vienne et de Londres. Réellement il n'y eut cue les raisons du sang pour interrompre les Alliances entre la France et le Portugal.

(7). Avec la prise de Perpignan on assura la possession de la Catalogne ; Aragon , Moncao , et Valence ont été prises : on délivra le Comté de Ribagorzana : on défit la faction des Princes ligués , dans la Champagne ; la décadence de l'Empire Espagnol fit cue ceux du Piémont suivissent notre parti : Les Pays-Bas secouerent le joug ; Lomboi fut dispersé ; Kenpen fut prise ; beaucoup de Places célebres se rendirent : et , outre tant de victoires , la France gagna quatre batailles Navales.

(8) Le Comte Henri , François d'origine , eut an mariage avec la Fille d'Alffonse V de Castille , la possession de quelques terres de Portugal ,

tugal , combattant les Maures , il en recouvra celle de plusieurs autres : les Rois ses Successeurs poursuivirent la même route. Mais , malgré ces Droits primordiaux , malgré les Droits de conquête , l'Espagne a toujours regardé ce Royaume comme dépouille qui lui appartient. Ce qu'il y a de remarquable c'est , que jamais elle n'osa l'attaquer que dans les occasions de détresse , dans des tems de malheur et de calamité générale.

L'invasion pendant l'interregne qui précéda Jean premier ; celle d'après la mort du Roi Sebastien ; l'autre de 1762 qui se suivit presqu'immediatement après le tremblement qui détruisit Lisbonne , et après la conjuration qui mit en danger la vie du Roi , prouvent la vérité de cette remarque digne d'attention.

(9.) Dans les guerres de François I et de Henri II de France , l'Empereur Charles V demanda des secours à Jean III de Portugal ; il les lui refusa : ce même Prince ayant été invité pour entrer dans la Ligue intentée par Ferdinand le Catholique , le Pape Jule II , l'Empereur Maximilien , et les Suisses contre Louis XII , n'a pas voulu y acceder ; bien a ucontraire , il secourut les Galeres Françoises , qui aborderent en Portugal commandées par Pierre Jean , et même il les y appuya ; ce qui augmenta beaucoup le ressentiment du Roi Espagnol.

En supposant l'Espagne rivale du Portugal et de la France , les situations topographiques de ces deux Nations , dans le cas de rupture , sont les plus avantageuses : l'Espagne peut être attaquée des deux cotés a la fois : les expéditions Navales des deux Nations peuvent , avec la plus grande facilité s'entr'aider réciproquement ; les Ports de l'Espagne restent plus liés,

et

et ses expeditions Navales plus exposées, principalement n'étant pas Alliée aux Puissances
Maritimes. Si tôt que les Escadres Portugaises
sortent des Côtes de Portugal elles peuvent faire face à Bayonne, à la Galice, à l'Andalousie, arriver à la vue de Cadiz, et même inter-
cepter les Convois des Indes.

(10) Il est cependant remarquable, en con-
firmation de ce que je viens de dire, que dans
ce Royaume, n'ayant point des soupçons de
guerre, (car n'ayant pas dessein de nous la
faire, on était bien loin de penser que l'Espagne, après le secours du Roussillon, et depuis
les rencontres de Badajos, la declarât) si tôt
qu'on a connú les intentions du Roi Catholique, on a mis cent mille hommes sous les armes, et on a donné aux Arsenaux la plus grande activité. Outre les Troupes de Ligne et des
Milices, tout le Royaume est sous un Régle-
ment Militaire, et tout ce qui peut porter des
armes s'incorpore avec elles pour faire le service, ou pour combattre, s'il y en a besoin. Il y a
beaucoup de ressources pour rétablir les Finances dans le Royaume et dans les Colonies; on
conduit du dehors avec beaucuop de facilité par
les Ports toutes les munitions nécessaires.

(11) Dans la guerre contre Espagne, le Portugal chercha l'appui d'Angleterre comme d'u-
ne Puissance son ennemie: profitant habilement
de cette occasion, Cromwel fit un Traité de
Commerce avantageux; ce Traité se consolida
par le Mariage de Charles II avec l'Infanta de
Portugal. L'arrivée de Philippe V au Thróne
d'Espagne assura encore davantage cette Alliance à l'Angleterre, car on craignait un Succés-
seur de Philippe II. Le Traité de 1703 nego-
cié par Methuen acheva de mettre cette Nation

sous

sous le joug Anglois ; il étouffa les établissemens
qui existaient depuis 1688 , et qui habillaient
déja les Portugais de leurs propes Laines ; les
Anglois achetent des Portugais les productions
du Pays toutes crues , et les leur revendent
avec le profit de la main d'oeuvre et du fret.
Par l'article second du dit Traité on diminue
un tiers dans les droits d'entrée , en faveur des
Vins Portugais , par rapport à ceux des Vins de
France. Cet avantage n'est qu'apparent ; les
Portugais l'ont pris pour un bienfait , et il n'est
qu'un véritable stratagéme Anglois. En rétablis-
sant l'industrie Nationale , Colbert rendit la
France indépendante des manufactures Angloises : l'Angleterre , en revanche , défendit indirectement l'entrée des Vins de France , en au-
gmentant les droits. Ceux donc des autres Nations , avec les quelles il n'y avait pas une
semblable étiquette , ne devaient point être sujets à des impôts plus forts ; l'existence des
Traités avec elles aggrave encore la perfidie de
cette supercherie.

Le Commerce Anglois , par le dit Traité ,
a eu tous les profits ; et le Commerce Portugais toutes les pertes ; ou sa ruine complete :
Ce Royaume pouvait avoir et soutenir les plus
parfaites manufactures de Laine , car ces trou-
peaux la produisent très belle ; il pouvait du
moins , recevoir en concurrence le produit de
celles des autres Nations , car il acheterais à
meilleur marché : point du tout ; il fait la plus
grande consommation de l'Angleterre , pendant que celle-ci augmente fort peu l'exportation des Vins , qui , déja auparavant , avaient
une consommation fort considérable par leur
bonne qualité , qui les rend préférables à ceux
de la France.

Un

Un Auteur Anglais a remarqué en 1713, que, dans les quatre années antérieures au Traité, on avait transporté pour l'Angleterre 31:324 tonneaux de Vin, et dans les autres quatre années immédiatement suivantes 32:022 ; la différence n'est que de 698 tonneaux de plus. Au contraire, l'extraction des Draps de Laine pour le Portugal fut calculée dans la Chambre des Communs en 1713, et elle montait à 1:300:000 liv. ster. par an ; et l'extraction d'autres marchandises différentes montait à 700:000 liv. ster. Ce commerce a augmenté considerablement depuis lors jusqu'à présent. On voit donc par là que l'Angleterre a été le plus intéressée dans le Traité de Methuen ; et que le Portugal, pouvant se passer des manufactures Angloises, avait la consommation de ses Vins, tout à fait, sûre.

Le Marquis de Pombal, à l'imitation de Colbert, a rétabli l'industrie ; il a fait ériger et perfectionner plusieurs manufactures de Laine, de Soie, et d'autres matieres : si ces E'tablissements eussent continué avec la même vigueur, on aurait obtenu en Portugal le même éffet que produisirent en France des moyens semblables, et que les deux Ministres s'étaient proposé par les mêmes motifs.

Si le besoin de secours contre l'Espagne fit faire les Traités de Commerce entre l'Angleterre et le Portugal, c'est de la France que ce Royaume peut l'obtenir encore mieux.

Il est vrai que nous n'avons pas besoin de ses Vins, de son Sel, de ses fruits ; mais nous pouvons en extraire de l'Or, des Diamans, du Tabac, du Coton, du Riz, des Cuirs, et beaucoup d'autres denrées de ses Colonies. Pendant que les Portugais prendraient les produit,

de

de nos manufactures , et nos quincailleries , à
la place de celles des Anglois , ils ne pouvaient
pas craindre que l'exportation de leurs Vins
s'arrêtât pour plusieurs Pays du Nord et pour
l'Amerique ; encore même en Angleterre ils
sont préferables par leur qualité et par leur
prix.

On doit remarquer ici , que dans le
Regne du Roi Joseph I a eu intention de
diminuer la culture des Vins : on á fait arra-
cher les Vignobles des terreins propres pour des
Bleds , dont le Royame manque encore : le Sel
et les fruits ont une consommation sûre et déja connue dans les Pays de conquéte , et ail-
leurs.

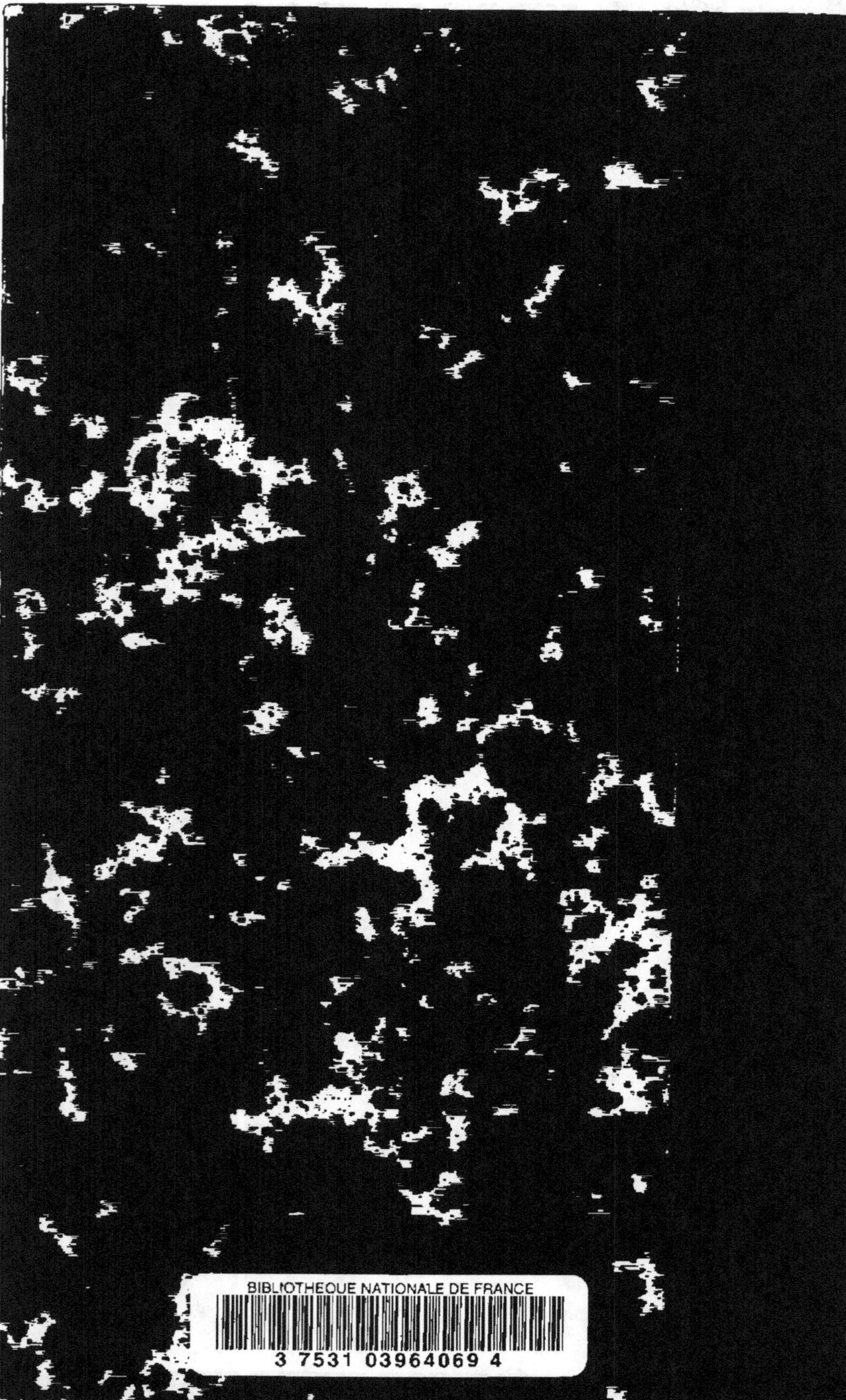